日本中に歌声を「歌おうNIPPON」プロジェクト
東日本大震災の被災者の皆様へ

上を向いて歩こう

永 六輔 作詞／中村八大 作曲／信長貴富 編曲

edition KAWAI

日本中に歌声を「歌おう NIPPON」プロジェクト
〜東日本大震災の被災者の皆様へ〜

上を向いて歩こう

混声合唱

永 六輔 作詞
中村八大 作曲
信長貴富 編曲

カワイ出版

このアレンジは私が大学2年生の時に作ったものがもとになっています。混声版は当時私が所属していた上智大学混声合唱団アマデウスコールの定期演奏会アンコールのために書いたもので、初演時（1991年）私は団員として舞台で歌っていました。

　女声版は「うつのみやレディーシンガーズ晶＜AKIRA＞」と「ソウル・レディースシンガーズ」のジョイント・コンサート（2005年）のために書いたものです。

　私の最も初期の編曲ではありますが、今回「歌おうNIPPON」プロジェクトのために少しでもお役に立てればと思い、手稿譜をデータ化したり若干修正を加えたりして、この譜面の形となりました。シンプルなアレンジなので、お客さんとご一緒に……のような場面でもご活用いただけるかと思います。

信長貴富

edition KAWAI

edition **KAWAI**

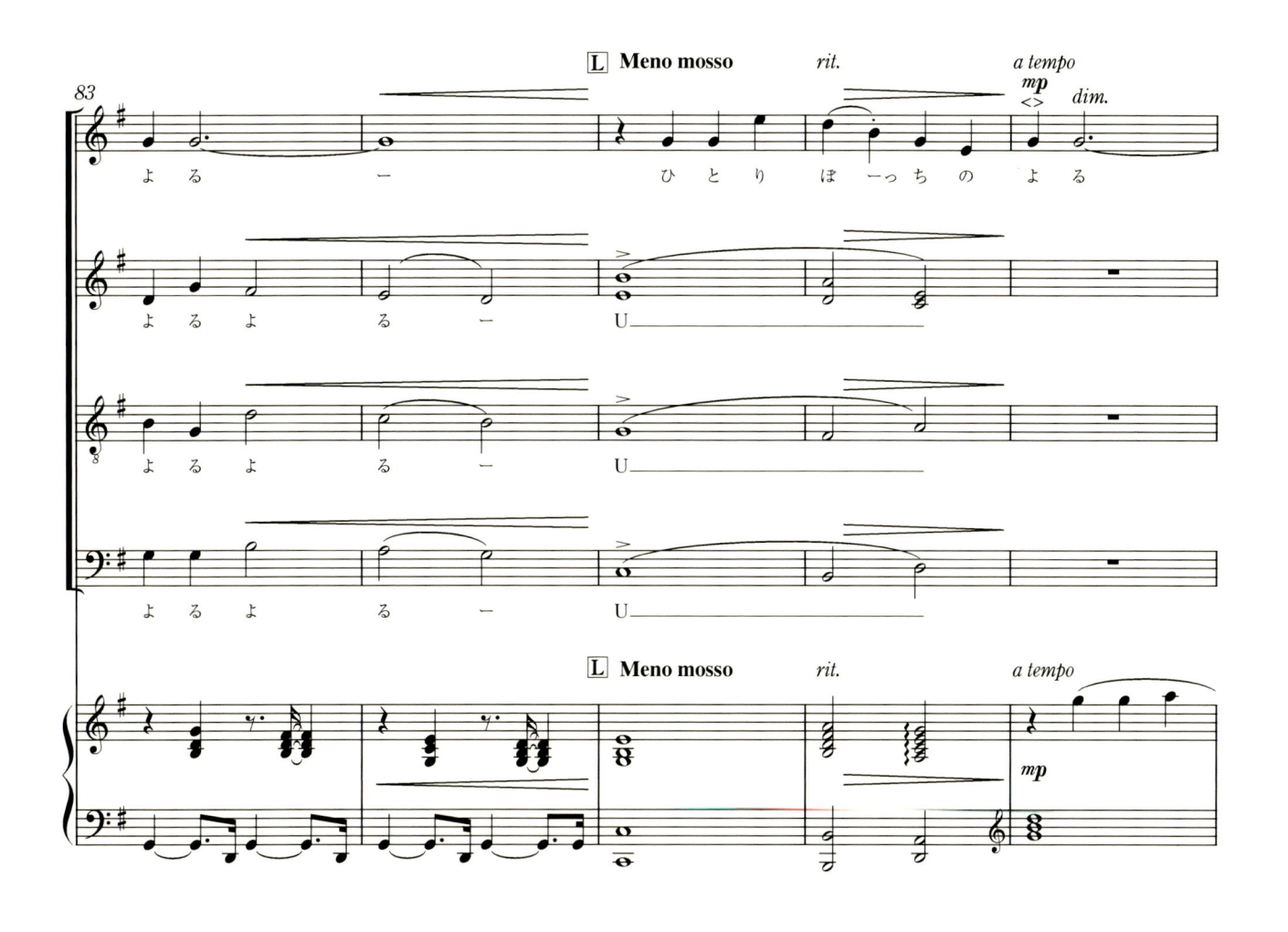

edition KAWAI

上を向いて歩こう

永 六輔／作詞

上を向いて歩こう
涙がこぼれないように
思い出す春の日　一人ぽっちの夜

上を向いて歩こう
にじんだ星をかぞえて
思い出す夏の日　一人ぽっちの夜

幸せは　雲の上に
幸せは　空の上に

上を向いて歩こう
涙がこぼれないように
泣きながら歩く　一人ぽっちの夜

思い出す秋の日　一人ぽっちの夜

悲しみは　星のかげに
悲しみは　月のかげに

上を向いて歩こう
涙がこぼれないように
泣きながら歩く　一人ぽっちの夜

一人ぽっちの夜
一人ぽっちの夜

混声合唱　上を向いて歩こう　　永 六輔 (えいろくすけ) 作詞／中村八大 (なかむらはちだい) 作曲／信長貴富 (のぶながたかとみ) 編曲

●発行所＝カワイ出版（株式会社 全音楽譜出版社 カワイ出版部）
〒161-0034 東京都新宿区上落合 2-13-3　TEL. 03-3227-6286／FAX. 03-3227-6296
出版情報 https://editionkawai.jp
●印刷・製本＝平河工業社

ISBN978-4-7609-2390-8

2018 年 3 月 1 日　第 1 刷発行
2025 年 3 月 1 日　第 12 刷発行

信 長 貴 富　混 声 合 唱 作 品

★…無伴奏作品
♡…合唱ピース

9784760923908

1923073006009

ISBN978-4-7609-2390-8
C3073 ¥600E

定価 660 円
（**本体 600 円＋税 10%**）

CODE : **2390**

4 962864 891339